JN438511

인생이 뭐길래 시가 뭐길래

인생이 뭐길래 시가 뭐길래

이경란
제4시집

신아출판사

목차

1부

인생이 뭐길래

2부

시가 뭐길래

3부

평안의 날들에

4부

순간순간의 시간들 속에서

1부

인생이 뭐길래

공수부대

약 30년 전
익산 공수부댈 갔었다
11미터가 넘는 막타워* 꼭대기에서
뛰어내렸다

"준비됐습니까?"
"……."
"뛰어내렷!!"
"아아아-악!!!"

준비 안된 기분에
억지로 뛰어내린 바람에
사는 게
늘 좀 얼떨떨하다

뛰어내리긴 내렸는데
아직도 늘 준비하며 살고 있거나
아니면 늘 억지로 뛰어내리고 있거나….

*공수부대 기본 훈련중 하나인 항공낙하연습을 위해
지상에 설치한 11미터 약간 넘는 사다리 탑

비상飛上

날고 싶다
날아서 가고 싶다
날아서 저기로 가 살고 싶다

눈 한 번만 깜빡이면 되는 일이다
심호흡 한 번 하고 걸음만 돌리면
마음만 바꾸면 되는 길이다

거기든 여기든
구더기는 언제나 있고
악어의 이빨은 언제나 기다리고 있다

날자!
날아야겠다
거기든 여기든
날아서 비상하지 않으면
갈 수도 없고
머물러 살 수도 없는

하얀 휘핑크림 속
한 마리
파리같은 세계

고등어 2손

마늘 한 접이 100개인 줄은
잘 알면서도
고등어는 늘 2손 단위인 것을 모른다
어떤 땐 1손을 달라 할 때도 있고
영락없이 속는 날엔
조금 큰 것 1마리를
2손 값에 주고 사 오기도 했다

이주민 여성이 아닌데도
늘 말이 없고
얼굴과 머리 스타일이 이국풍이라는 이유로
그녀들은 번번히 날 속였다

마음 한 구석에서 늘 싫어하던 이주민 여성의
난처한 입장이 되고 보니
내 잘못을
절로 고치게 됐다

아울러 이젠 고등어도
2손 단위로
고쳐 사오게 됐다

질량

더 가벼워졌는데도
웃을 수 없다
명품몸매 흉내를 내봐도
칭찬받을 수 없다

몸 속에서 덜어낸 건
무거운 살들인 줄 알았는데
영혼의 껍질만 남기고
그릇 안쪽이 비어버렸다

늘 사랑의 물이 출렁거렸는데
딱딱하고 거친
정죄의 소금 알갱이들만
영혼의 바닥에 얼굴을 내놓고
울고 있구나!

영양실조 된 채 수년을 살아오며
그가 주는 영양제 주사에
연명해 온 목숨

이제

다시 부드런
하얀 사랑의 밥을
열심히 먹어야겠다

안 돼!

참새보다 고요한 발걸음으로
페달을 밟는
그녀의 자전거 위에서
보는 세상 일이란
긴장할 것 뿐이었다

멈추지 않는 그녀의 활동주기가
참새보다 가벼운
그녀의 몸짓을 만들어 주었고
조금 더 멈추고 싶어했을
자녀들의 학업도
적당한 속도의 행진으로
밀어주고 끌어주며 완성시켜주었으리라

안일을 평안이란 이름의
대치물로 전환시켜 놓고
다 된 줄 믿고 흐뭇하던
그 방종!

안 돼!
멈추면.
쉬어갈 순 있어도
멈출 순 없어!
지금
이
순
간*

*어느 유행가의 첫 소절에서

완성

이제 그만 포기하시죠!
당신은 못 하십니다
너무한 말 아닙니다
어쩔 수 없다니까요!

다른 사람이 믿어집니까?
까칠한 성격이 달라집니까?
그냥 남겨두고 살아가세요

좋은 날도 오겠죠!
타인에 대한 신뢰가 회복되고
부드러운 맘과 말씨를
내뱉는 날도 오겠죠

그냥 푹 쉬세요
자신을 좀 내버려두세요

당신을 잊으세요, 그럼
어느 날엔가
당신 원하는 형상이
이루어질 겁니다

간장게장

어머니가 간장게장을 담그셨다
게장 항아리를 잘 닫았는데도
냄새가 솔솔 흘러 샌다
좀 역겹다
그런데 왠지 싫지 않기도 하다
집앞 담벼락에 사람들이 버린
쓰레기 냄새를 제압할 수 있는
유일한 냄새이니까
쓸모없어 썩는 냄새가 아닌
포옥 익어 사람을 살찌우는
냄새이기도 하니까
게장 익는 냄새가 인생같기도 하니까
삭고 익어
쓸모가 있게 된다면
좀 역겹고
과정은
쓰레기 썩는 것과 유사하다 할지라도
그 냄새는
고상하고 고귀한 것이니까
의미~ 있으니까!

작별*

40년 호랑이의 큰 포효咆哮를 참다
드디어 울음 한 번 울다
배고픔에
먹이를 덥석 물어 삼킬 것 같은
세월이었겠지만
그대신
부드럽고 따뜻한 혀를 내밀어
상처난 피투성이 사슴을
사랑스레 핥아주고 보듬어준다
날카로운 이도
인정없는 손발톱도
부드럽게 물러진지 이미 오래!
인생 앞에 순응하고
참아야만 했던 저 세월은
그 큰 눈망울을 벌써 순진하게 다듬었다

보금자리 마련하고
떠나가는 네 뒷그림자

아프고 슬펐던 무게는
모두 나에게 남겨다오!

*동생 현승의 결혼 후 적다

소나기

누구나 그렇지만
소나기 오기 전엔
몸 구석구석뿐만 아니라
가슴 깊이깊이까지
덥다

무엇이나 그렇지만
소나기 오기 전엔
하늘 구석구석뿐만 아니라
땅 깊이깊이까지도
잔뜩 찌푸린다*

필요할 때마다 소나기
한 번씩 와주면
얼마나 좋겠는가?

덥지 않고
찌푸리지 않고 소나기
서비스 한 번 해주면
얼마나 좋겠는가?

날이 더우면
가슴이 더우면
온 우주가 기우뚱 한 채 잔뜩 찌푸리면
소나기 한 바탕 와줄 줄 믿고
견뎌보세!!!

*어느 원로시인은 '비가 오면 만물이 아프다'고 말한 바 있다

별들의 전쟁*

아침 여덟 시 반
보건소 문 열 시간 삼십 분 남겨두고
직원들은 이제야 출근하는데
독감예방 무료접종 예진표 작성창구는
우주의 파도에 휩싸인 위태한 은하계다
게다가
이 사회의 별들이었던
점잖은 호랑이별들,
귀여운 여우별들의
입씨름에 불 붙었다
별들의 전쟁이 시작된 것이다

"새치기 하지 마시오. 누구는 할 일 없어 일찍 와 줄 선줄 아시오?"
"신분증 없으면 옆 건물 안에 있는 구청에 가 등본 떼어오세요."
"나, 등본 떼어오느라 잠시 줄 좀 비웠소!"
"그래도 뒤에 가 서랑께."
"앗따! 우리 셋이 왔당께. 그냥 줄 서라 하시오.
새치기 아니요."
"아! 거기 늙으신 노인 양반, 언제 그리 가셨소!

새치기요. 빨랑 뒤로 오시오. 100세 넘었다고 봐줄 줄 아시오?"

립스틱 바른 부푼 입술로 끊임없는 꽃화살 발사하는 우리의 늙으신 어머니들,
귀여운 여우별들!
—이게 별들의 전쟁 제 1탄

"어이! 거기 이쁜 아줌마, 방금 뭐 하셨소?"
"여보시오, 조금 전 나랑 같이 왔다가 신분증 가지러 집에 갔다온 내 친구요."
"아참, 그 아저씨…, 친구면 다요? 우리도 애쓰게
줄 섰응께, 그 아줌마는 뒤에 가 서라 하시오."
"뭐야, 이 양반이…!"
—아, 이건 별들의 전쟁 제 2탄
(늘그막에 사귄 여친**을 위해 그 호랑이별, 상대 호랑이별을 향해 고래 고래 고함지르며 온갖 기능을 작동시킨다)

"줄 똑바로 서! 이름이 뭐야? 이름이 뭐냐고?"
"아, 이 아저씨하고 오신 이쁜 아줌마, 예진표 작성 됐으니 안으로 들어가셔서 주사 맞으세요."
"뭐야, 뭐야! 신분증 없으면 안 돼! 신분증을 봐야 알지. 주소는 아들딸 밑 서울로 해놓고 사는 건 여기 살면서 무료접종하러 오면 뭘 보고 알아! 신분증을 보여줘야지."

늘그막한 보건소 여직원의 째진 눈에선
65세 이상 되신 어르신,
아니, 과거에 별이었고
지금도 얼마쯤은 별인 자者들에게
난데없는 불폭탄 발사된다
—이게, 별들의 전쟁 제 3탄
(이후 조금 있으면 앞서간 별들의 뒤를 좇을 새로운 별들의 깜짝 싸가지 반말 이벤트~! 별들의 전쟁 제 4탄은 안 봐도 뻔하다!)

몇 해 전 어머니를 모시고 보건소 갔다가
바라 본 진풍경들이다

* 영화제목 Star Wars에서 차용
** 여자친구의 줄임말, 속어

가을

성당 앞 버스 정류장에서
내리는 일군一群의 젊은이들
낙엽처럼 구겨진 몸
쇠어서 꼬부라진 오이같은 얼굴들
그러나 옷차림과 분위기는
단풍보다 곱고 깨끗하다
빨강 파랑 초록 노랑의 나뭇잎들이 차례차례 굴러간
다

사랑받는 존재라는
자부심 옆구리에 끼고
진지하고 밝은 표정들에선
예쁜 웃음도 흘러나온다

성한 사람도 밝지 못한데
성한 사람도 어긋나고 괴로운 삶인데
마음만은 흐트러지지 않은 채
삶에의 외경심 갖고 걷는
도시의 밝은 노래들

가을 바람 속으로
온화한 절경을 구성하며
몰려가고 있다

가을 그늘

가을은 그늘을 만드는 순간에
지상 어느 때보다 어느 곳보다
아름답게 나이든다

풍성한 초록이 가고
노란 흙의 빛깔이 될 때
곧 지상과 하나되어 그 안으로 들어가기 직전
햇빛을 받아 윤기를 만들고
그 아래 그의 목숨을 기다리는
중력의 무서운 부림 앞에서조차
셀로판 테이프같은
노랗고 붉은 투명 그림자를 만든다
—알고 보면 그 그늘을 사랑하는 것조차 송구한 일이다

비가 와 웅덩이에 물이 고여
그곳이 차갑고 정결치 않아도
가을은 그것을 제 몸에 받아들여
부드러움을 만들고
그 옆 지나는 사람들이
그를 껄끄러워하지 않게 한다

마지막 바람에
제 애써 물들인 머리칼을
몽땅 빼앗기면서도
가을은 그 앞으로 걷는 자들이
그가 곱기만 하다고 말하게 만드는 것이다
—알고 보면 그를 사랑하는 것조차 부끄러운 일이다

아무것도 하지 않았다

지난 10여 년간 아무것도 하지 않았다
울분과 분노와 대립감으로
내장과 그 안의 또 하나의 시간은
헛된 운동과 발길질을 하며
주어진 생명을 살지 않았다
8만 7천 600이라는 시간이
내 안과 밖에서 죽어 폐기처분됐다
꽃나무를 가꾸거나 농작물을 키울
거름더미도 되지 못한 채…

죽음을 향해 가는 줄도 모르는 채
살아 움직이도록 주어진 힘이
쓸데없이 낭비됐다

그런 줄도 모르고
세월 참! 열심히 산 줄 알고
힘들여 대단한 일들 이루는 줄 알고
기고만장하기까지 했다
거울에 비친 모습 속에서
기우뚱한 한 성인成人의 유치함을 본다

"저들을 용서해 주세요"라는
스데반의 입술이
내게로 오기까지
울분과 분노와 대립감은
삶에 대한 기대감과 용기의 기운을
꺾고만 있었다

부러진 조각을 다듬는 이유

마음의 잔이 비워지면 그대로 두지 않고
다시 채웠으면…
바닷물이 백사장을 멀리 떠나
남이 된 것 같아도
어느 새 돌아와
출렁대는 것 같았으면…

다 끝났다 뒤 보이면
삶이야 홀가분하겠지만
푸르렀던 좋은 시절
한 번은 있었을 터이니
회심의 미소짓고 너르게 품자!

부러져 조각난 사랑도
사포로 문지르면 부드러워진다니
무기로 남겨 찌르지 말고
조금 불완전해도
사랑으로 두고 아끼자

시루떡

맛 떨어진 시루떡이라도
더운 김에 다시 달궈지면
기분좋게 목 안으로 넘어가려니
추운 몸도
더운 김 오르는 한 조각 식물食物에
다스해지려니
더운 것은 마음도 덥히려니

이 얼어붙은 영혼에
한 조각 봄기운 더운 기운
불어왔으면

몸 덥히는 것 마냥
영혼을 생生을 달구어야 하는
시간 필요하리니

차가운 것
바람 숭숭 지나가는 것
뼈 아픈 것
살 뜨이는 것
낡은 것

모두 다아 살리는 것

바로 요, 김들인
뜨거운 떡 한 조각 같은 것

일탈의 법칙

늘 만나던 사람
늘 가던 길
늘 하던 일
시큰둥해서 바꿔보고 싶지
시고도 달콤한 떠먹는 요구르트 맛이
유달리 짭짤하다고 투덜대는 날처럼.
그러다
크게든 작게든
탈 날까보아
그런 일탈이라면…
피하고야 만다네

때때로
자신을 잊는 하루짜리 여행에서
영혼에 상쾌함과 위안을 얻지만
이런 일탈도
알고 보면
늘 하던 일의 연속이라네

귀찮다 빼먹으면
다신 되돌려놓지 못할
상처를 쌓게 될 테니까…

그대와 나

십 오년을
하얀 얼굴 맞대고
벗은 몸인듯
서로의 내면을 나눴건만
그대, 나 알지 못하고
나, 그대 알지 못해서
우린,
서로에게 알려지지 않은 사람들

허나,
여기까지 왔으니—
다시 되돌아갈 필요, 무엇 더 있으리요?

내, 단단한 마음 녹이고
그대, 굳건한 생각 더 곱게 금칠하여
서로에게 알맞은 모양새로
또 다시
또 다시
내어드리세

다 받아들일 때까지
마음 문 닫지 않으니
그대와 나 지금도 하나요,
서로를 살펴보는
눈빛마저도 신비로움 뿐.

송구영신

빨간 로퍼를 샀네
기회는 하루뿐인 것 마냥.
마지막답게 북서풍은 강하게 불고
큼직큼직 눈발은 흩날렸지
마지막이 가기 전에
어서어서 일을 끝내야 하는데
마중물 붓지 않은 작둣물 기다리듯
눈물만 나고 감정만 급한데
마지막은 서점에서인가?
유명시인의 시집을 샀다네.

빨간 로퍼를 신고
시인의 시집을 읽고
365다음, 다시 1+1+1+……
그렇게 또 365가 되기를 기도한다네.
애벌레는 뽕잎을 먹다가 죽고
고치 속에서 잠을 자네
마지막이었다네, 죽음이라네.*
마지막 날이 처음을 위한 예비일이었다네.**

마지막이 첫날이었다네
죽음이 시작을 가져왔네
고치 속에서
공기보다 가벼운 날개의
나방이 태어났다네
죽음 속에 생명이 있었네
마지막 속에 시작이 있었네.***

새해 첫날이었네!
빨간 로퍼를 샀네, 기회를 놓칠세라
유명시인의 시집을 읽었네
새로운 삼백육십오를 손에 쥐었네
허망하고 불안하던
그 죽음의 하루에
고결한 시작이 있었네!

* '꽃들에게 희망을 Hope For the Flower' 중에서
** 신약성서, 마태복음 27-28장 참조
*** 산문집 '읽고 싶은 이어령 (이어령 著)' 중에서

2부

시가 뭐길래

뭉갤 자세

스무 번쯤
들랑거렸겠지요
열 번은 군것질하러
그 구멍가게 들랑들랑
또 열 번은
내 詩가 걸린 신문과
발간한 책들을 실어나르느라
달랑달랑

오고가며 눈인사만도 또
스무 번이 넘었겠지요
"요전번 책, 참-말 잘 읽었엉용!"
했겠지요

처음이었습니다
새로 나오는 내 책 구매하실 의향
어떠시냐? 떠본 것이.
냉큼 대답했겠지요
"크러지용!"

책이 나왔어요
구멍가게 찾아가자, 그녀
금고를 감싸안으며
"오늘 은행직원 오닝께 내일 아침엥 옷슈"

다음날 아침 책들고 갔겠지요
"책! 시러항께 그냥 가!"
놀부 욕심보마냥
가득한 궁둥이가 씰룩쌜룩
나와 내 책을 뭉갤 자세로
눈앞을 지나쳐 가겠지요

그때까지 펴다 먹인
용돈과 책들이
고개숙인 인사들이
그 궁둥이에 한가득
바람을 넣어주었겠지요

뚫린 길

출판사에 원고를 넘기고
곰곰 생각해 본다
내 글은 얼마나 부끄러운가!

그러나 하잘것없는
몇 줄에 기워넣은 몇몇 단어들이
열어주는
뚫린 길을 본다

글을 쓸 때 길은 한 번
굉음과 함께 작은 구멍을 뚫는다
글이 전자활자가 될 때 그것은
또 한 번
다이너마이트 폭파음 뒤
더 환한 길을 만들어준다

그 큰 길로 걸어가서
때로는 원수와도 악수하고
도저히 이해 못 할 타인과도
어느새 화해한다

안식과 창조에 대하여

아무 때나 쉬는 게 아닙니다
할 일을 다 하고
그리고 나서 힘들 때,
그 때
마지막 돌아보지 못한 일들까지
힘들여 또 하고 나서
그제서야
그 힘으로
'쉼'을 누리는 것입니다.

그 안식의 시간에
'슬슬 해 보자'하는 일이 있을 때
그 일이 창조가 되겠지요.

처음의 일이
창조의 일로 넘어오기가
이렇게도
힘든 것이지요.

독서讀書

얼굴이 말이 아닙니다
허기져 눈은 퀭하고
세상 일, 욕심에 가득 찬 두 볼은
포화상태로
너무 팽팽하다 못해 쳐졌습니다
분粉 칠하고 겉단장 해봤자
소용없습니다
도시의 아름다움 찾아
꺼진 눈빛을 채우련들
역부족입니다
글 고파 힘 없어진 팔다리 근육들
산책으로도
맛난 요리로도 회복될 수 없습니다

글을 읽어요, 글을!
잡념 가득한 맘 참고
눈 요기 하고픈 헛꿈 참고
글을 채워요, 글을!

·

·

·

·

·

·

이번 가뭄은 약간의 비로는
해갈이 안 될 듯하다는
기상관의 예측이 있었습니다

아, 따스해!

바깥 바람이 찬데
숲 속 작은 집 창가*
도서관 칸막이 안,
손길 지나친 책들 위에
온기 그 안
가나다라마바사아
글자들 사이사이 빛들에
아, 따스해!

오전에 뜨겁던 히터들
오후엔 잠을 자도
가슴은 뜨겁고
머릿속은 밝고 가볍네!

고통의 몸 안과 밖
추운 겨울 날,
빛나고도 느리게 영혼의 칼을 다듬는
아, 따스한
숲 속 작은 집 창가
그 사람과
토끼 한 마리**

* 기독교 교회학교에서 1970년대에 한 동안 불려지던 어린이 동요
** 위의 *의 동요에 등장하는 사냥꾼에게 쫓기는 토끼
(숲 속 작은 집 창가에 있던 작은 사람이 토끼에게 문을 열어 줌으로 동요는 끝난다)

덫

얼마나 못 살았길래
팁tip 얹어준다니
홍이 나서 왔을까?

얼마나 인간대접 못 받았길래
크지도 않은 그– 교회, 헌금 많은 교회
담임 되었다고
자랑하며 다닐까?

얼마나 빵에 굶주렸길래
얼마나 명예에 굶주렸길래
얼마나 여인네 구경 못 했길래

저어기 가면 다아 준다니
자식까지 떼어놓고 비행기타고 날아와
곰팡이 난 빵 가장자리를
알몸으로 핥고 있을까?

거기까지만

종종 길에서 보는 사람이 있다
ㅇ대학 교수다
15년 전 홀로이던 모습 그대로
지금도 홀로인 태가 철철 넘친다

오늘은 모처럼 윤기흐르는 노란 실크셔츠를 입고
가슴팍까지 단추를 열었다
야성의 가을인가?

반면 이쪽은 외출용 파자마를 입고
밭에서 캔 고구마를 짊어지고 오는데
길에서 흘끔 알아본다
짧은 파자마 밑으로 보이는 발목을
신경도 안 쓰고 밑단이 나폴나폴

잰걸음을 걸어
서둘러 집까지 왔다

그러나 무엇하랴!
교수의 이성의 울타리와
시인의 감성의 경계가
서로가 서로이도록 지키고 있으니….

안 돼! 더 다가가면.
무서운 총알이 몇 발 튈 것이다
그 뒤 실망의
잔인한 꽃들도
몇 송이….

잡종 진돗개

ㅇㅇ여성회관
시인詩人이란 말에
서류 작성해 오면
시집 판매허가를 줄 듯하더니
슬그머니 눈 코 입이며 허리쪽을 살피고는…,

서류를 작성해 재방문하자
도서판매는 안 된다고 거절한다
요要 왈曰 '잡상인은 금지'라는 뜻!
여성 백일장 대회날
프랑카드도 걸지 말고
마이크 잡고 강단에 서지도 말고
출입문 앞에서 단지,
"ㅇㅇ책 있어요!"
소리나 지르란다
잡상인 취급도 모자라 길거리 노점상 흉내를 내라니….

이 간교한 者는 바로 여성회관 남男직원!
출입문에 앉은 무능력한 젊은 여직원을
돕기위해 뛰쳐나온 진돗개인 모양이다
그것도 품종 낮은 잡종 진돗개!
똥개들인 여자 직원들을
여성회관 방문 여성들로부터
극진히 보호하시는 잡종!
그 잡종 진돗개, 이~야! 참!
멍멍 짖는다

난, 여왕이니까!

ㅇ대학 00과 교수, 00과 교수답게!
표준어대신 억센 전라도 사투리
왕창 쓰며
TV에 나왔다

S대학 시절 바람둥이 종착점에서
지금의 부인 만났다는데
결혼 20년이 훨씬 지난 요즈음도
그 부인 섹시한 궁둥이 자랑하려
하나님 만나러 교회갈 때도
항문이 다 보이는 달라붙는 바지만 즐겨입는다
남편 성性비위 잘 맞추고 산다는 식으로

그 부인,
00과 교수 부인답게!
대중탕에서는
큰 온탕 혼자 독차지하고서
남들 이목도 생각 않고
눈을 끔뻑이고 한숨을
크게 여러 번 내쉬며
분위기 내며 도닦기 여념없다
이래뵈도 00과 교수 부인이니까!

큰 바가지 하나 엎어놓은 듯 아랫배로
똥똥하게 혼자 미인대회라도 하는 듯
여탕 안에서 폼재고 걸음 걷는데
아무도 눈길 보내지 않으니
째려만 본다
그 00과 교수 부인 이래뵈도
미인未人(!) 이니까!

10억짜리 재산, 원룸 건물 잃을까봐
충고한 교회 자매에게
재산 찾고도 고맙단 말,
단 한 마디 없고
이래뵈도 교수 부인이신데
이 소리 저 소리 싫은 소리로
충고하였다 하여

친정 어미시켜,
교회 여자들 시켜
예배당 한 모퉁이에서 실컷
그 자매
두들겨 팼다

"난, 교수 부인이니까!"

"고로 난, 여왕이니까!!"

"고로 난, 예쁘니까!!!"

눈雪의 인사

억울 분통의 밤을 머리에 이고
의식은 까맣게 죽어
미끄러운 경삿길을 뚜벅뚜벅 걷고 있었다
무언가 환한 것이
밤의 의식의
죽은 팔 다리를 죽은 머리를
잘라내는 것이었다
갑자기 길은 바뀌어
천국에 와 있었다
길 뿐만 아니라 100미터 가까이 되는
길 양편 심겨진 침엽수 높다란 나뭇가지들은
커피를 적시고 적신 도넛처럼*
흰 눈에 적시고 적셔져
하얗고 두툼하고 포근한
분장얼굴을 하고 있었다
까맣게 죽은 의식으론 들어갈 수도 없는 그 곳
어둠을 저절로 단절시키는
눈 길의 연속선에 서 있다니!

아버지가 검은 머리 길게 땋고
흰 한복입고
언덕에서 동네 아이들과 같이
다리 뻗고 앉아

"편하다!—
 몸 고생
 맘 고생
 않하니!—"

하시는 천진한 말씀이
가슴 속 의식 위로 들려왔다

*디즈니 만화영화 대사 中 한 부분

열공*

한짐 지고 와 빨래하려는 듯한 모양새

영하 10도의 날씨에 옷을 벗는다

12시 점심시간엔 쥬스캔의 뚜껑을 딴다

밖엔 비눈이 내리는데 창문을 열어둔다

책의 쪽수마다에서 비밀문자를 해독한다

안경들이 낡아간다

더 넘길 책장이 없는데 집에 가지 않는다

*'열심히 공부'의 줄임말

촌스러운 그래서 사랑스러운

어린 소녀의 뜨개질마냥

낯뜨겁고 서툴고

그래서

촌스러운.

화려한 새 옷들 사이로 비치는 낡은 옷처럼

변변찮고 별 볼일 없고

그래서

눈에 띄는.

다 깨진 꽃병을

주워 다시 붙인 것

그래서

한없이 불완전한.

그래서

한없이 사랑스런.

너와 나, 우리

그리고

그 속의 詩.

덫2

—케이 컬처 뽕 전도사

귀가하는 교회 자매들
눈으로 각선미 훑으며
정신놓고
섹스 니르바나~
하여
교인들 배웅은 성가시다

검은 양복 위
어깨는 조폭어깨
뒷짐지고 담임목사 흉내내며
교회 자매들에게 인자한 척
"음,음, 어서와!"
하니
양의 탈 쓴 이리

성탄절엔
용돈이라도 줄줄 알았더니
달랑 시집 한 권이라
인상쓰고,
대한민국이 케이 컬쳐Korea-culture니,
교역자 생활은
연예인 모방하여 컬쳐로 해 본다

우선 기도할 땐
바지 주머니에 두 손 쑤욱 넣고
환幻에 빠져
컬쳐스럽게 기도!
예배 전엔
컬쳐스럽게 질겅질겅 껌씹으며
성경보는 성도들 근처에서
편안히 휴식!
맘에 안 들면 고함지르며
컬쳐스럽게 큰 소리로
교인들 야단치기!
무식한 동네교인, 이런 것들이
컬쳔지 알기나 할까보냐며 목에 힘 주더라!

그의 컬쳐가 정도의 상승선을
타던 어느 날,

예배 전 회중과의 찬송시간은
대중다운 불금*의 밤같은
그의 나이트 무대!

우악스럽게 거머쥔 예배용 마이크로
고래고래 고함지르며
발성과 발음은 물론
숨소리에서도
뿡! 뿡! 소리가 나도록
은혜로이 유행가 열창하는데…,
—아이, 민망하여라

읏 뿡!
앗 뿡!
헛 뿡! 꿍꿍짝 꿍짝!

끄응-끙~

그의 하나님은,

뿡 하!
뿡 나!
뿡 님!
앗싸 뿡뿡!

나는야 느끼한
셱스 컬쳐 뽀~옹! 전도사~!!

*불타는 금요일의 준말, 속어

늑대소리

버스를 타면
택시를 타면
어쩌다 남의 승용차 덤으로 타면
귀에 익숙치 않은
귓가를 돌고돌아 끝내 융화되지 못한 채
바람에 날려가는
그 시절 라디오 유행가 소리
소리만 컸다

우리 동네 교회
50넘은 늦깍이 전도사는
세상 버릇, 세상 욕정 미처 못버리고
급히 전도사가 된 모양인지
클래식 곡인 찬송가를
유행가 창법으로
악을 써대고 고함을 질러가며
가래침 뱉는 소리까지 내가며
심지어 궁둥이에서 열까지 뿜어대면서
정력도취 상태로 불러대니

은혜받으러 교회에 온
어리고 착한 양들,

늑대소리에
3층 예배실에서 모두 일어서 나왔다

교회에서마저 비선택적으로
유행가 들어야 하나!

그냥 간절히,
늑대 잡아 줄 사냥꾼이 오시기만을
눈물 글썽이며 기도한다오

덫3

—삐딱한 건 무엇?

젊어서 못 쓰것네, 까져서…
나처럼 두 손 포켓트에 넣고
사업이나 하며
점잖게 늙어 남자나 사귀지
요새 젊은 것들 까져서 못 쓰것네
저희들끼리 이성관계 어쩌고 운운하닝게?!

결혼 안 한 것들 못 써!
나이가 오십이 다 돼 가는데,
애도 없는 것들이라….
내 나이 삼십 하고도 다섯
이래뵈도 고것보다 어른이쟎여!
자식 낳았응게,
인생을 알거든!
고것 못 쓰것네, 결혼 안혀서.
내게 고개 숙여 인사를 안 해.

저것이 평신도인 주제에
나보다 나이 많다고
검은 뿔테 쓰고 학자인 척 한당게!

패션(Fashion)은 무슨 패션,
덤벼서 머리털 뽑아버릴까부다!
(어때 나의 이런 삐딱한 정체성,
죽여주는 자아정체감이지?)

에이! 참으쇼, 아부지!
아부지 말대로
반듯하게만 살아서 불쌍하고
애인도 없어서 빗나간 것잉게….

근디, 저것만 보면 왜 내가
기운이 없어진다냐?
카리스마가 있어야 하는디~
아직 어린이라 그런다냐!?
참말로 나는
우리 아부지 쏙 빼닮은
목사 딸인디…….

덫4

—절정, 그 이후는?

까짓것 부임 확정됐는데
조그만 동네 교회
이 커다란 살점의 엉덩이 힘
보여주고 싶다
내 욕정 가득한 몸냄새
진하게 퍼뜨리며
예배 전 찬양은
예배당이 쩌렁쩌렁 울리도록
욕망의 오리지널 사운드 트랙을 튼다

내일 죽으면 어떠랴!
아침부터 밤까지
섹스 욕구 충족하면 그만이지!
비켜라, 부임 목회자 나가신다

욕정의 음악이 울려퍼지는
교회당 마당의
부끄러운 벚꽃 한 그루
고개를 숙인 채
차마 말을 못하네.

그 끝을 아는 마냥
슬프게,

또는
분하게!!!

팬지와 과자

바람결에 콧속으로 '훅' 들어오는 팬지 향기
봄을 불태우는 향기인가
生을 불사르는 향내인가
가슴팍도 그 뜨거운 기운에
더욱 간절해져라.
이 봄春 더,
치열하게
살 수만 있다면
그 향
풍기고 또 풍겨라

빈 속에 버스를 타니 울렁울렁해지는 뱃속
멀미 가라앉히는 냄새인가
生의 활기 돋우는 구수함인가
어디선가 과자굽는 냄새에
뱃속 따듯해져라
남의 맘 속
울렁거림도
멎게만
할 수 있다면

그 내臭,
격이
어떠함을 가리지 않고
퍼뜨리고 또 퍼뜨려라

잃어버린 하얀 베레

—故 윤 일병의 죽음을 애도하며

온 몸에 가득 퍼진 죽음의 독버섯,
너의 몽골반점.
숨 쉴 여유조차 없던 통증으로
뭉친 너의 어혈의 영혼.
아프지 않게
덧나지 않게
오늘은
새의 깃털보다 더 가벼운 노래로
살살 씻겨주고 싶다

치유될 수 없는 상처란 없댔는데
너는 그만 그것을 안은 채
영영 우리 앞에 있구나!

너의 은밀한 곳까지
밤새껏 강간당하고도 모자라
아가! 너는
영혼까지 유린당하고 폭행당한 채
이름조차 가려진 채

실보다 가는 천사 날개에
흔들거리며 매달려만 있다

우리의 게으름으로
미리 네 거처를
보살피지 못했음 용서하거라!
네 잘못이 아닌데
네 잘못이라고 소리치고 고함치는
그 아이들 성품,
온화하게
다듬어주지 못했음 용서하거라!
너의 부끄러움이 아닌데
너의 수치인 것 마냥
드러내지도 못하게 만든
낡은 구조의
쉬쉬! 하는 말들 소리
야무지게 고쳐주지 못했음 용서하거라!

아가!

이젠 부디
갓난 아기 새 살같은 몸과
천사보다 나은 영혼의 당당함으로*
편히 쉬거라!

지금도 어디선가
말 못하고 눈물 흘리는 너의
작은 친구들의
수호자가 되거라!

너는 결코 희생양이 아님을
이 국토 끝까지 끝까지 전하면서.

부디!
부디…….

*신약성경, 히브리서 1장 참조

3부

평안의 날들에

노력

아프리카의 내란과
중동과 미국의 전쟁
무장 이슬람 IS의 파리 침공
모두
남의 땅 얘긴 것 같지만
산산조각난 평화를 되돌려 놓기위해
또 한 번 더 울어야하고
수 만의 손을 모아
기도를 올려야 하는 그 험난한 노력의
필요와 당위성은
그들과 내가 다르지 않아!

오늘 기상무렵에도 겨울바람 속을
수없이 걷고 걸어
집까지 온 꿈을 꾸었어.

마음의 평화가 올 때까지
걷고 걸을 거야.

포만해진 배로 성질을 늘어놓기 전에
눈을 감고 기도할 거야.
위기의 순간에도
파리 사람들처럼 옥외에서
커피를 마실 거야.

욕구를 다스려
"전쟁! 너는, 떠나라."고
詩를 쓸 거야!

어느 날

다 울고났는지
목련은 더욱 또렷합니다
비에 씻겨가기는 커녕
매달려 더욱
또렷만 해요

아장아장 비둘기
꾸웅! 하며
빗물에 젖은 몸을 턴 뒤
꽁지에 크게 힘 주네요

이젠 비 좀 내렸다고
슬퍼말아요
그 비에 잡념 털고
목련처럼 또렷하게
비둘기처럼 자신있게
힘차게 기지개 켤
그 날
오고야 말 테니까요

동네 은행

허리 구부려 유모차 밀고 오시는
할머니의 고달픔도
친절히 보살핌 받는 곳
헐레벌떡 안방차림으로 뛰어온
동네 아주머니도
자연스레 통과되는 곳
상사와 부하를 분간 못하는
돌 지난 어린 아가 고개인사도
인사고과를 비껴가는 곳

남자 둘 여자 둘 중국음식 나눠먹으며
입출금을 셈 하는 곳
이런 저런 낯선 얼굴들
근심거리 웃음거리도
나눗셈, 곱셈 되는 곳

올 때 걱정, 갈 때 안심
옆구리에 챙겨가는 곳

21세기 휴가

—도심 속으로의

챙 넓은 검은 모자를 씁니다
피서용 흰 옷을 입습니다
큰 도시락을 열고
3일간 먹을 양식을 준비합니다

그친 장맛비 뒤에 싱싱한
깻잎을
손 안 가득 따서 쥐고
전을 부칩니다

식용유를 바르고
이스트로 반죽한
밀가루를 벌려
호떡잼을 넣습니다

냉장고에 가득한
야채를 끌어모아
오븐에 피자도 굽습니다

완성!
드디어
도심이라는 큰 바다에 나가
태양의 파도를 타면서
사람과 책과 물건의 물고기들과 정답게 노닙니다

콘크리트 바닷물에 옷이 흠뻑 젖어 돌아옵니다

여유의 도시락을 열어
부러운 눈을 끔뻑거리는
가족들에게
한 입 한 입 먹입니다

태양 아래

이글거리는 불덩이 앞에
등짝을 노출한 차림새로
건지산을 향해 간다

점심도 굶은 채
가장 짧은 운동복 차림새로
허연 다리 태우며 간다

중고 가전상가 앞
냉장고 입고하는 두 청년
행여 다칠세라 조심하는데

알고 있다오, 그대 맘들!
힘 빠지지 않게
이 몸에 탄력 넣어 잽싸게 가리다

계획서

1년에 한 번
카페에 자리하고
제일 작은 잔에 에스프레소 마시기
1년에 한 번
아름다운 음악에 흘러가면서
카페에서 詩쓰기
1년에 한 번 그렇게
나만의 꿈꾸기

1년에 한 번
강추위의 날엔
물에 푹 삶아 건진
고구마 까먹기,
가족과 함께.
1년에 한 번
한 해 시작하는 그 때엔
고요히 땀 흘리기,
가족이든 공동체든 그 누구를 위해서든.
(음식을 만들든 전화를 하든 카드를 쓰든)

1년에 한 번
연말엔
교회에 가 예배하기

홀로됨의 청승따윈 버리기.

대중과 함께 하기!

21세기 휴가2

—비밀의 방에서

만 48시간
주어진 시간은.

방을 찾아나섰다
잡지에서 보던 그 방이 아니래도.

손님이 뜸한, 거기에
점원까지 자리를 비운
대형마트 그 자유매장은
제 1의 방이라 이름했다

아름다운 색들과 모양새들을
구경하며 걸쳐보며
뜨거워진 뇌를 식힌다.

제 2의 방은
매일 잠자는 공간으로
한낮에는 낯설기에
피서의 방이라 명명하며
신기한 눈빛으로 찾아갔다

그 곳에서 더위를 피한다는 핑계로
수은주가 영상 38도 이상인
달궈진 시집들을 냉장고에 넣고
초대한 주인의 은밀한 오찬을
포크로 찍어먹는다.

마지막 방은 TV가 있는 제 3의 방
휴가지 경계선에서 만나는 유일한 타자,
뉴스 진행 앵커들이 진열하는
휴가지 밖의 강렬한 언어들을
빨대로 마신다

만 48시간이 지나면
다시 현재로 진입할
작은 샛길들을 모색한다.

21세기 휴가3
—정지화면 안에서

특별히 출근하는 사무실이 없어서
미처 몰랐다
집안 일도 詩 공부도 그렇게 독한
마음을 품고
달려만 가고 있던 줄…

정작 시기와 질투의 희생양이 된
젊은 나날들을 보냈음에도
타인에 대한 지나친
경쟁과 경계심들은
무위無爲의 시간들 위로
하나 둘 떠올라
가득 찬다

무위의 정지화면 안에서
시기와 경쟁은 쉬고
섬광같은 지혜의 전류 하나
가볍게 흐른다

이제,
이 시간이 지나면

더 좋은
화질의 화면이,

새롭게,

펼쳐질 것이다!

해뜬 날

몸 눅눅한 장마
해뜬 날
물에 젖은 빨래 비틀어 짜듯
젖은 몸 비틀면
무엇이 나올꼬?

뙤약볕에 걷고 걸으면
흐르고 흐르는
몸 관통하여 흘러나오는
땀 아닌
마음의 땟물 따위들

세제 찌꺼기까지
다 짜내고 나니
이
몸
가
볍
다

정작 하늘은 못 보더니

위만 보고 살 수만은 없다 했던가?

아침 산책길 도롯가 걷다보니
몸 구부리고 맑은 얼굴로
일하는
여기저기의 사람들

위만 보고
또 다시
위만 보고 살아서인지
늘상
불만족스런 표정으로
정작
하늘은 못 보더니

위는
단지 하늘뿐이라
하늘만 보고 몸 낮춘
그 맑은 얼굴들에
거친 맘
잔잔해진다오

별미

궁하면 살 길이 트이고
고통이 다하면 기쁨이 온다했던가!

고통이 있었으니
평안도 감지한다

영혼의 목마름으로 갈급하던
사슴의 심정이 있었으니
한 모금 샘물도
감사하고 만족한다

사실 별 것 아닌 것 같은
평안이
수만 번의 고통의 감수 끝에 얻어진
습관의 산물이란 것을

배고픔 뒤에 먹는
남들 모르는
별미인 것을,

안
다
는
것
은

축복이다

컴퓨터

스마트 폰으로 TV 시청하던
동네 빈티지 가게 아가씨

이젠 노트북을 들여놓고
제법 갖춘 사업을 한다

새 옷 가게들도 하나 둘
문을 닫는 인근 상권 지역에서

용하게 살아남아
느리지만

갈수록 잘 돼가니
보는 맘 기쁘다

근데, 고 컴퓨터!
저도 있거든요!
집 안에 작업실 차려놓고
시인 행세하는 나도

그럼, 용케 살아남아
잘 돼가는 사람인가요?

대합실

한 여자가 어깨에 웃옷을
걸치고 돌고 있다
한 남자가 반바지 차림에
트렁크를 끌며 돌고 있다
한 남자가 원두커피를 마신다
두 여인이 '대구'라고 쓰여진
출구에 앉아 사투리로 말하기 시작한다

그 여자는 목적지를
애타게 갈망하며 돌았을 것이다
그 남자는 이미 시작된 여행의
즐거움으로 돌고 있었을 것이다
또 그 남자는 은밀한 추억을 만들며
커피를 마셨을 것이다
또 그 여인들은
이미 고향에 온 생각으로
망설임 없이 사투리로
덕담을 늘어놨을 것이다

그들 사이에서
여행의 여유로움으로
어느덧
나도
돌
  고
있
  다

영광

마치 다이아몬드인 양
금 가면 싫어했지
또 닦고 깎아야 하니
손해다 생각되어 찡그렸지
보석도 못 알아보나
교양없는 무식자라 비난했지
수치심과 분노로 씩씩거리기도 했지
달이 가고 해가 바뀌어도
비난만 쌓였지

사람은,
가만히 서서 영광의
황금관만 받으려 하는 미인이었을까?

어느 날 잠언에서 찾은
'남의 허물을 용서하는 것이
자신의 영광이라'
하는 말씀, 가슴에
새겨두고 또
새겨두기로 했지

희롱당했다,
학대당했다 싶을 때마다
꺼내보며
자신을 지켰지

억압과 자유

간혹, 자유는
억압이 있기에 느낄 수 있고
詩와 시인들이라는
행복의 탐스러운 꽃송이들도
억압의 한 귀퉁이에서 피어나지.

예수님은
밤새껏 고기를 낚지 못한 베드로에게
'깊은 곳에 그물을 내려라'고 말씀했고
베드로는 순종하여
일백 쉰 세 마리의 고기를 얻었다네.

자유로운 영혼이고픈* 그대여!
모든 억압에서 다
벗어날 수 없다 하여
소리치지 마오!
그 억압 밑에서
자유는 진정한 것이 되어 흐르고
詩는 기쁨이 되고
평안은 닳지도 그치지도 않은 채
삶과 함께 가고 있음이기에.

어쩌면 그곳이

예수님의 깊은 곳일지도 모르기에.

* 1970년대 히피 사상 및 문화의 모토.
오늘날엔 히피와 상관없이 보편적 문화의 흐름으로 간주되고 있다.

사는 이유

어머니 어깨에 관절염 꽃이 피었다
허리는 양쪽 다 척추협착증이란다
일주일에 한 번
보름에 한 번
통증의학과에 모시고 간다
부담을 주지 않으려고
눈치를 보시는 것이
가끔
햇살사이에 떠가는 먼지입자처럼 뵌다

친정살이 한다 말하던 것이
어젯일 같은데
어머니를 보살펴드리고
촉을 세워 기도하는 것이
어느새 사는 이유가 됐다

어머니라는 큰 사람의 모든 일이
곧 내 몫인,
삶의 이유가 됐다

이 다음에 커서

2층 하수구가 막혔다
1층 천정이 샌다
수돗물 흐르듯.
평안도 새겠다
돈도 새겠다

조금 놀란 가슴을 다독여
옅은 미소 머금고
아무 말 없이
그릇그릇 물을 퍼내고
홑이불이며 수건이며 걸레를 깐다

하수구 뚫으러 온 건축업자
비웃는지 배가 아픈 것인지
"천정 화악 뜯구, 건물 기울었으니
지붕합시다! 하수구 때문이 아니에요!"

어머니 왈曰
"경란아! 아니다. 하수구 때문이란다!
근데, 넌 어찌 웃고 있냐?"

내 나이 낼 모레면 오십,
한비야*의 말처럼
“이 다음에 커서 어른되면** 그때 근심할게요.
두려움이 없으니 위협이 위협으로 보이네요.”

* 월드비젼 간사, 자전거로 세계일주를 하고, 아프리카 오지에 가 그곳 사람들의 건강과 위생을 도움.
** 한비야가 50이 넘은 나이에 TV프로 ‘무르팍 도사’에 나와 했던 말

혼자서 간다

계약이 파기됐다
항상심을 갖고
관계는 유지하되
새로운 출판사와 거래하기로 한다
더 이상 이끌어줄 필요가 없기에
독수리처럼 혼자서
떠 가라고 그러려니 했다.

배탈이 났다
신경성이 아니다
여름 끝자락에서
가족들이 모두 배가 아프다.

거꾸로다
배가 아프니 정신이 어두워진다
정신과 가장 많이 연결된 곳이
위胃라 하지 않는가!

생각을 바꾸기로 한다
밝은 생각으로
뱃속을 다스리기로 한다.

또 다른
그와 나 사이에서도
맑은 꿈을 꾸며
혼자서
떠 가기로 한다.

봉오리 사랑

홍철쭉 가지가지마다에
꽃봉오리 빽빽이 매달리다

좋아 죽는다
또 좋아 죽는다
올 이른 봄 엄마가 좋아 죽는다

지금이 제일 예쁘단다

활짝 피면
떨어질 날 가까우니

사랑도 활짝 피울 생각만 말구서
어서 봉오리 맺어야 할텐데…

봉오리일 때 제일 예쁘단다!

4부

순간순간의 시간들 속에서

빈 틈

땟물 좋고
모양새 잘 빠진 새 옷을 입으면
일부러 만들지 않아도
스타일이 사는데,
굳이
빈티지 가게를 찾아
낡고 수수한 옷들을 골라보면 안다.
그 비워진 공간의 툭 터진 틈새로
빈 틈을 메울
상상력이 나래를 펴고
가까이 온다는 사실을.

화려함에 지친
피곤한 눈도
쉴 틈을 가지려니와
다 비워 허전한 듯한
욕망의 황금색 보자기 위에
새빨간 입술꽃을
마구 부벼봄으로
관능의
꽃 한송이 애써

피워낸다는 것을.

예술가의 작품 한 점
창조된다는 것을.

투비 오어 낫투비(To be, or Not to be)*

인생은 선택이라지만**
안을 때가 있고
안는 것을 멀리할 때가 있고
사랑할 때가 있고
미워할 때가 있다지만***
한 번 죽으면
사는 일을 선택할 수 없으니
매사
사는 길로만 가자.

먼저 미워하고
먼저 교만해질 때
영혼이 죽어가고
삶도 위태해진다

빨리
미움을 버리고
빨리
고개 숙여
겸손을 택하자.

그 때는

죽느냐, 사느냐?

그 한 가지 사실 밖에는

있지 않기에.

* 세익스피어의 비극 '햄릿' 중 햄릿의 대사 일부
** 아들러 심리학의 한 내용에서
***구약성경, 전도서의 한 부분

동전 전쟁

10원, 50원 동전
빈 용기에 그득 모으는 동생
100원, 500원 동전
눈에 불켜고
모으시는 어머니
10원, 50원은 동생 몰래
빈 용기에 넣어주고
100원, 500원은 필요에 따라
어머니 빈 주머니에 넣어준다.

천시받던 동전들이
경기불황을 통과하며
하나씩 하나씩 제 역할을 하고 있다.

모으는 사람도 전쟁
주는 사람도 전쟁
서로 챙겨주고 모으느라
한 생生의
불꽃이 튄다!

믿음

해서는 안 되고
할 줄도 모른다 생각하여
늘 손해보며 살던
2층 월세방 전기계량기 설치.

안 된다 안 된다 하시며
조금 진행하다,
아버지 저 너머로 가신 뒤
뒤에 남겨두고 가신 전설.
된다 된다
할 수 있다 하시며
어머니 뒤에 남아
전설 이어가시네.

나, 처음
놀라 못한다 못한다 했으나
그냥 '해보라' 하시는 말씀
내키지 않아도
순종하여 해보니
한 주일 고생 후
2층 월세방 전기계량기 설치됐네.

긍정의 믿음과
무조건적 순종이
우리의 마음을 불가능에서
가능으로 상승시켰네.

줄어가던 주머니 웃고 있네.

방 사세요!

—세 놓는 풍경

방들, 세 놓는다

담배연기에 그을린 벽지 뜯어내고
악취 가득한 장판 걷어내고
새 단장들 한다
씽크대도 새 것으로 교체하고
욕실도 수리하고
창문 청소, 페인트칠
곱게들 한다

대학생들
신혼부부
중국 유학생들
방들 구경다닌다

생활정보지에 광고도 내지만
정작 걸려오는 전화는 뜸하다

그래도 이 집, 저 집
원룸마다 주택마다
조금씩 상기된 얼굴로

오실 손님 기다린다

그 님이 오실 것처럼
하늘이~
밝다

어느 날2

체련공원 약수터 옆
철재운동기구가 설치됐다
쭈뼛쭈뼛 눈치보며 지나치던 사내들

어느 날

에어로빅 음악에 맞추어
괴성을 지르는 사람들 곁
운동기구에 매어달려

몸과 마음의 군살
정신없이
제거하고 있다

그릇의 미학美學

모처럼 기운이 나
조금 넓고 조금 우묵한 빨간 냄비에
김치찌개를 끓인다
붉은 국물이 하얀 두부에 스민다
그릇이 예쁘니 찌개도
맛이 좋을거라는 발상이었을 게다

어머니와 마주 앉아 저녁을 먹고난 뒤
부엌에 가 설거지를 마쳤을까!
빨간 냄비를 열고 보니
넉넉하던 찌개가 없다

불꽃없는 가스레인지 위
작고 약간은 낡은 듯한 검정냄비가
냉냉한 아우라를 뿜어내며
멀겋게 날 바라만 보고 있을 뿐.

열고보니 찌개가 쌓였다
아뿔사, 순간 소진하는 기운이란!

그러나 누굴 탓하랴!
칠순 훌쩍 넘긴,
아직은 먹심좋고 밥심좋은
어느 아낙의
수묵화같은 여름 저녁
그릇의
미학이 있었을 뿐!

입추立秋*

문 열고 오시네요
바람소리와 함께
어머니 슬리퍼 밑에 눌러붙어
지구 위에 신고식하며 오시네요
여름의 땀방울
어느새 말리우고
욕심없이
귀뚜라미 울음 끌고 오시네요
대지 위의 모든 생명들의
군살 제거하고
가벼운 몸짓으로
벌써 방 안까지 오셨네요
당신이 오셨네요
그림자인듯 중후重厚한 걸음으로
가을, 당신이 오셨네요

*엘리자베스 에밀리 디킨슨의 시 '3월'과 시대를 뛰어넘어 닮아있으나 창작은 '3월'을 마주하기 훨씬 전에 이루어졌음을 밝힌다

가을 서경敍景

다가온 가을을 가슴에 품고
정성들여 차려입은 갈 옷들
거리에 총총이 걸음들 하니
가을이 눈빛에 한 가득.

산 속 벤치에 앉아
낙엽들 배경삼고
사색에 잠긴 그대,
가을 그 자체!

차창 밖 서쪽은
뿌연 안개 가득한 산들
동으론 붉은 햇살 깊숙이 비추는
가을날 아침,

여름의 산만한
마음 접고
가을이 남기는
내
면
의

시 한 편.

눈 길2

눈이 부셔 눈 아프다
길고 질척이며
어떤 것은 투명하고 미끄러우며
때론 뽀송뽀송한 둔덕을 이루며
쌓이고 밟힌 그것에
마음이 지친다
몸이 고되다

아름답고도 피곤한 것
아름다워 아프게 만드는 것
눈까지
몸까지
마음까지…

그래서
일상에 인내라는
가시나무 추억도 남기는 것

힘 남아도는 날

약 20년만에 처음이다
힘이 남아돌다니!

새벽 4시에 기상하여 화장하고
기도하고 시집읽고
요리며 빨래며
이것저것 집 안 일 하고
점심 굶고 건지산에 가
운동하고
그래도 남아돌아
기분마저 묘하다
꼭 새로운 직장에 출근할 것처럼…,
늘상 따라다니던 추위와 배고픔도 없이.

몸이 따뜻하고 피로마저 없으니
누군가에게 보태야 할 힘을
빼먹은 것은 아닌지
근심도 좀….

풍경 속으로

진보라 양말을 신고
연보라 가디건을 걸친
단정한
그 소녀.
모습도 곱지만 이쪽
각선미 바라보는
얼굴빛, 눈길, 마음 길
희안하여
운동하러 가는
내 집중력 빼앗다

운동 시간을 잘못 잡았나?
후회한 후

가을 볕에 바람에
빨래를 말리며
손편지 쓰는 사이,

그 아이와 내 마음 이심전심이니
요것!
가을풍경 속 한 조각이구나.

이내, 마음 깊어지다

·

·

·

·

·

·

그를 만나러 가는 날에는
갈색외투를 입고
하얀 치마를 끌리라!

좋겠네

나의 詩가
사람의 울분과 분노를
삭혀주는 것이 되었음 좋겠네

나의 시가
나를 惡하다 말하는 자들의
입술문 닫고
그 혀 부드럽게 녹였으면 좋겠네

나의 시가
하나님 오른쪽 눈
한 방울
감격의 눈물 방울 되었음 좋겠네

나의 시가
내게 원수짓 했던 자
내가 원수처럼 여겼던 자
다 씻고
화해하게 했으면 좋겠네

나의 시가
神의 놀라운
구원과 평강을
가슴가슴에 임하게 하는
붉은 단풍잎 하나 되었음,
좋겠네!

어느 날3

커다란 쓰레기 뭉치들이 담장 앞
도시가스 배관 근처까지
몰려있었지요
사람들이 담장 옆에 슬그머니
놓던 쓰레기가
언제부터인가
긴 담장전체를 덮게 될 찰라
그 때까지 참아야만 하던
양심도
도덕이라는 것, 윤리라는 것
뛰쳐나갈 뻔 하였지요
·
·
·
잘 부탁드려요!
·
·
·
목소리를 죽이고
허리를 굽신굽신 하며
미화원 아주머니께 부탁드리자

집 옆 전봇대 한쪽에
쓰레기를 정리하여 모아주었지요

(진즉 이렇게 할 걸)

음료수도 돈도 필요없는 일을
언성을 높이고
구청에 신고까지 한 까닭에
입 속까지
마음까지
쓰레기 된 심정이었지요

그러나 미화원 아주머니는
구청에 낸 신고로
쓰레기를 전봇대 곁에 모아준 것이라니
부끄럽던 마음이
그제야 겨우
위로받았지요

오렌지 단풍

날 좀 바라봐요!
올 해엔 조금
다른 옷을 입었어요
커피빛깔도 아니구요
빨간 사과빛도 아니에요
노랗냐구요? 그건
저기 저 은행이지요

날 좀 한 번 더 쳐다봐요.
오렌지빛 외투를 입었어요
가을이지만
어둡지 않고,
밝고 따뜻한 날이에요

날 좀 천천히 바라봐요!
올 해엔 오렌지빛 염색을 했어요

너무 빨리 가다가
날, 그냥
스쳐가진 말아요

은행나무 숲

저,
김
훅오르는
뜨거운
군고구마
속 좀
보
아!

성역聖域

치열한 삶에는 영화榮華가 있다,
그 자체가 성역聖域이라는.

아무도 넘볼 수 없고
누구로도 대체가 불가능한…

노인병원 배설물 처리시간도,
다 말라버린 누구의 아버지 · 어머니였을
환자 얼굴을
무표정히 웃음 잃고서
들여다보아야 할 흰 가운의 사내도,

성역 안에 있고
그 자체로 영화인….

그 치열한 시간들을
쉬지않고 이어가는 지혜와 능력이
대체 누구에게서 온단 말인가!

내가 너에게 갈 수도 없고
네가 내게 오는 일도
허락되지 않은
치열한 이 삶의 자리에 선,
그대는 또는 나는
대체
누구란 말인가?

쪽 팔려*

낙엽이 저렇게 쌓였는데
가을이 온 줄도 모르고
흰 눈이 저렇게 쌓였는데
겨울이 온 줄도 모르네.
쪽 팔린다
쪽 파르다
자연이 주는
옷은 눈에 안 차고
분위기 나는 가을 코트
화려한 겨울 외투만 신경쓰니
바라보는
사람 맘, 사람 말도
내게
쪽 파르다
쪽 팔려!
하겠네.

*본디 말은 '쪽 파르다'. 부끄럽다는 뜻의 우리 말로 '쪽'은 '얼굴'을 의미한다. 타인의 모습이나 행동이 합당치 않을 때에도 내 편에서 역으로 '쪽팔려'라고 말할 수 있다.

눈보라

하늘에서 몰아치는 눈보라만 있는가?
공중 아니래도
높은 산봉우리 아니어도
길가 나뭇가지 나뭇가지마다
쌓인 두터운 솜옷,
바람에 쏟아지며 하얀
눈바람을 일으키는
눈보라도 있다네.

가지들은 바람을 허락하고
어깨에 쌓인 두터운 눈들을
휘청하고 쏟아버리지.

약해서 아름답네.
생존을 위한 부드러움이라네.
유연함이라네.
버리고 비움이라네.

높고 곧고 단단한 대나무가
폭설에 쓰러져도
저는 살아남는 이유라네.

길 가는 소녀들이
저와 바람이 합작하여 만든
눈보라
그 아래서
호들갑을 떨며
탄성을 지르는 이유라네.

저자후기

저자 후기

3집을 발간하고 2년 가까운 시간을 보내고 있다. 3집 발간 때 발행 부수가 많았기 때문에-지금은 다 해결되었지만-, 여느 때와는 다른 어려움들이 있었다. 시란 무엇인가, 나는 어떠한 시인이 되어야 하겠는가, 하는 물음들이 저절로 떠올랐다.

신경림 선생님이 어느 일본 평론가의 말을 인용, 오늘의 일본시가 호소력을 잃은 까닭은 시가 가지는 절규성을 잊은 탓이라 말한* (*→ 신경림의 시인을 찾아서, p.187, 우리교육) 부분에 귀기울이며, 여러 개인적 · 시대적 상황에서 오는 어려움들을 절규하는 마음을 담아 이번 4집에 기록해 보았다. 오탁번 선생님의 시집 〈시집 보내다〉를 통해 시의 언어가 가질 수 있는 유희성과 해학의 힌트를 얻어 나름 부드럽게 써 보려 했지만 결코 쉬운 일은 아니었다.

또한 개인적 경험의 수준에서 벗어나지 못할 뿐 아니라, 주변의 상황을 공연히 자극하는 것이 되어, 어쩌면 비난과 손해를 당하게 될지도 모른다고 미리부터 상상하며 조금 염려하기도 하였다. 그러나 붓을 꺾고 싶지는 않았다. 평생에 한 번 올까 말까 한 기회라는 생각 때문이었다.

시집의 3부와 4부는 나의, 타고난 천성적 감성에서 우러나오는 다수의 시편들을 기록하였다. 1부와 2부에서 울분과 恨을 어루만진 내 나름의 위로의 처방 위에 평안의 메시지를 전하고픈 뜻이었다.

시는 시 그대로 목적 없이 쓰여져야 한다는 말을 많이 들었고, 무척 좋아하는 내용이기는 하나, 나의 시가 개인과 시대와 상황을 힐링healing시키는 요소가 있다는 평을 종종 들은 탓인지, 전혀 아무런 뜻 없이 시집을 완성시켰다고는 말하지 못함을 밝혀둔다.

2016년 다시 온 봄에
감성시인 **이경란** 드림

인생이 뭐길래 시가 뭐길래

이경란

인쇄 2016년 04월 20일
발행 2016년 04월 25일

지은이 이경란
발행인 서정환

펴낸곳 신아출판사
주소 전북 전주시 완산구 공북 1길 16(태평동 151-30)
전화 (063) 275-4000 · 0484 · 6374
팩스 (063) 274-3131
이메일 shina2347@naver.com sina321@hanmail.net
출판등록 제465-1984-000004호
인쇄 · 제본 신아출판사

저자와 협의, 인지는 생략합니다.
잘못된 책은 바꿔 드립니다.

ISBN 979-11-5605-315-6 03810
값 12,000원

이 도서의 국립중앙도서관 출판시도서목록(CIP)은 서지정보유통지원시스템 홈페이지(http://seoji.nl.go.kr)와 국가자료공동목록시스템(http://www.nl.go.kr/kolisnet)에서 이용하실 수 있습니다.(CIP제어번호: CIP2016009953)

Printed in KOREA